DALLES FUNÉRAIRES
FRANC-COMTOISES

NOUVELLE SÉRIE

PAR

L'ABBÉ P. BRUNE

LONS-LE-SAUNIER
IMPRIMERIE ET LITHOGRAPHIE LUCIEN DECLUME
5, Rue Lafayette, 5.

1889

DALLES FUNÉRAIRES
FRANC-COMTOISES

NOUVELLE SÉRIE

PAR

L'ABBÉ P. BRUNE

LONS-LE-SAUNIER
IMPRIMERIE ET LITHOGRAPHIE LUCIEN DECLUME
5, Rue Lafayette, 5.

1889

Extrait des Mémoires de la Société d'Émulation du Jura.

DALLES FUNÉRAIRES
FRANC-COMTOISES

Les Dalles funéraires de nos églises, si intéressantes au double point de vue de l'histoire et de l'art, ont été déjà, pour un bon nombre, dessinées et décrites par les archéologues et les historiens de la province. Entre tous, il faut nommer MM. B. Prost et J. Gauthier. Le premier, dans trois notices successives, dont il a enrichi les Mémoires de la Société d'Emulation du Jura, a mis au jour des Dalles d'un grand intérêt, rehaussé par les documents biographiques et généalogiques dont il a pris soin de les accompagner (1).

M. J. Gautier, archiviste du Doubs, a publié, dans les Recueils de l'Académie de Besançon des dix dernières années, de nombreux monuments, tirés pour la plupart des Portefeuilles de la collection Gaignières.

Après toutes ces publications, on pourrait croire la mine épuisée : heureusement il n'en est rien. Nos églises recèlent encore de nombreuses richesses de ce genre, témoins les monuments qui font l'objet de la présente notice. Les églises

(1) V. Mémoires de la Société d'Emulation du Jura, 1875 : Notice sur trois Dalles funéraires Franc-Comtoises. — 1877 : Les Dalles funéraires de l'ancienne église abbatiale de Baume-les-Messieurs. — 1879 : Notice sur sept Dalles funéraires Franc-Comtoises. Dans la première de ces publications, M. B. Prost donne la liste des tombes publiées dans les ouvrages antérieurs.

de Salins en particulier, malgré les pertes irréparables, qu'elles ont subies, renferment encore aujourd'hui nombre de Dalles et d'inscriptions funéraires dignes d'intérêt (1).

C'est par centaines que se comptent les inscriptions funéraires de nos églises ; toutes, même les plus humbles, ont leur valeur historique. Espérons qu'un patient investigateur se trouvera enfin pour nous en donner le recueil général et complet ; il rendrait par là un service incontestable à l'histoire de la Franche-Comté.

(1) J'espère pouvoir les reproduire dans le prochain volume des Mémoires de la Société d'Emulation.

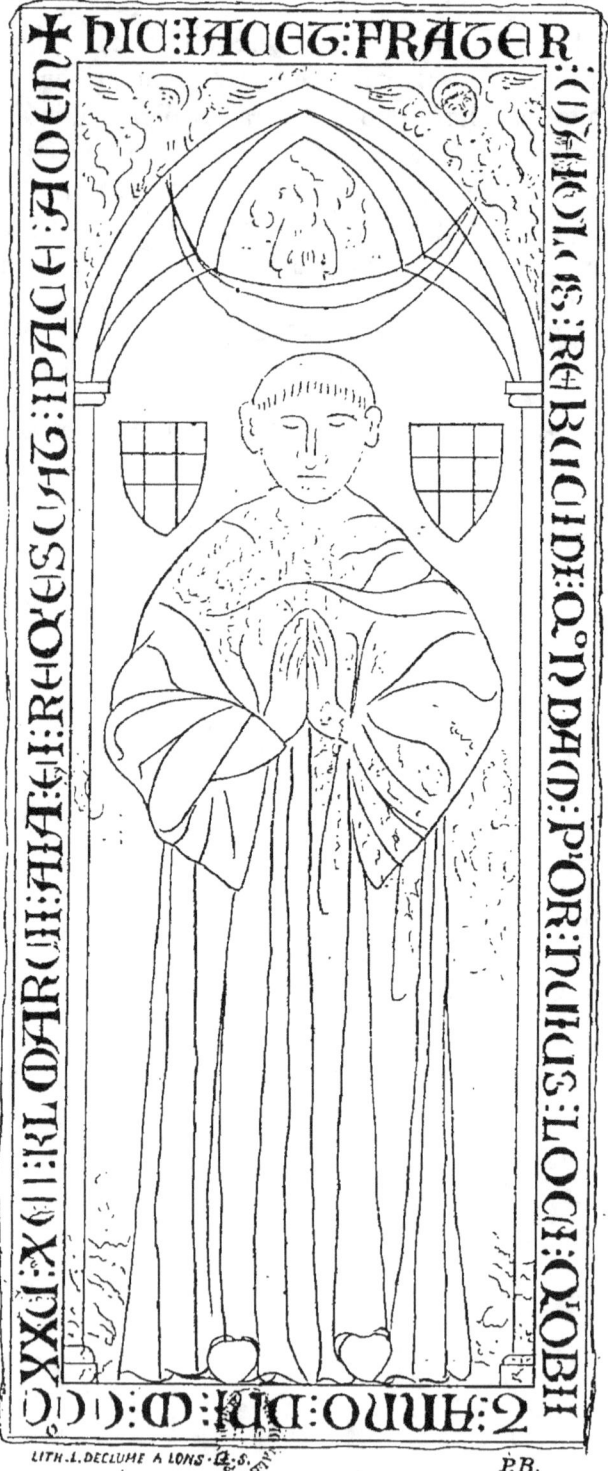

DALLES & INSCRIPTIONS
DE L'ÉGLISE DE GIGNY

L'église prieurale de Gigny, autrefois très riche en monuments funéraires, n'a pas, comme sa sœur de Baume, conservé ses richesses. Les deux tombes historiées dont je donne le dessin ont été découvertes il y a quelques années, lors des travaux de restauration poursuivis avec un zèle digne de tous éloges par M. l'abbé Marquiset, alors curé de Gigny.

I.

Dalle funéraire de Mayeul Rebucin, prieur de Gigny. — 13 (?) février 1325 (*vx st.*).

PLANCHE I.

Dalle gravée au trait et mesurant 2m47 de hauteur sur 1 m. de largeur. Elle est placée dans le chœur ; un long frottement l'a fortement endommagée.

L'encadrement de la dalle se compose de deux colonnettes à bases et chapitaux, réunies par une arcature ogivale trilobée et ornée de palmettes. Aux côtés du sommet de l'arc, deux anges sortant d'une nuée emportent dans un linceuil l'âme du défunt, symbolisée par un jeune enfant.

Le défunt est représenté les mains jointes, et, contrairement à l'usage habituel, au lieu d'être revêtu des ornements sacerdotaux, il porte le costume monastique de l'ordre de Cluny : la vaste robe, appelée *coule* ou *froc*, le *capuce*, de proportions très amples, et par dessous, la *gonne* ou *étamine*, dont on aperçoit les manches étroites et serrées aux poignets (1).

A la hauteur des chapitaux sont gravées de chaque côté les armes du prieur : *De... à la croix de...*, ou *à quatre points d'échiquier équipollés de...*

L'inscription, gravée en gothique majuscule, entoure la dalle ; en voici la teneur (2) :

☩ Hic : iacet : frater : [mai] olus : rebucini : q°dam : pⁱor : huius : loci : qⁱ obiit : anno : Dni : m : ccctxv : xiii(?) : kl : marcii : aia : ei : reqⁱescat : i pace : Amen.

M. Gaspard, dans son Histoire de Gigny (3), mentionne un prieur du nom de *Mayeul de Rebucin*, qui ne lui était connu que par un acte du mois d'avril 1310, concernant le meix de Marsenay, près Chambéria.

Le même auteur hésite entre les lectures *Rebucin* et *Rabutin* ; mais on ne peut lire ce dernier nom sur la pierre tumulaire ; le vrai nom est Rebucin.

Un mss. de l'abbé Guillaume signale le prieur « Mayol de *Rabutin* (sic) en 1311 (4). Les historiens de Franche-Comté ne nous donnent pas d'autres renseignements sur ce prieur et sa famille. Son prédécesseur, Pierre de Feillens, étant cité à la date de 1307 (5), on peut conjecturer que Mayeul gouverna l'abbaye depuis 1309 environ, jusqu'à sa mort, qui arriva le 13 février 1325 (vx st.).

(1) V. Quicherat : *Histoire du costume en France*, p. 169, etc.
(2) *Ci-gît frère Mayeul Rebucin, jadis prieur de ce lieu, qui décéda l'an du Seigneur mil trois cent vingt-cinq, le XIII (?) Des calendes de mars. Que son âme repose en paix. Ainsi soit-il.*
(3) T. I, p. 124. II. 55.
(4) T. 3, p. 59. Note communiquée par M. B. Prost.
(5) Gaspard. Hist. de Gigny. I. 123. II. 51.

SOCIÉTÉ D'ÉMULATION DU JURA.

1/15 Grand. nat.

Pl. II

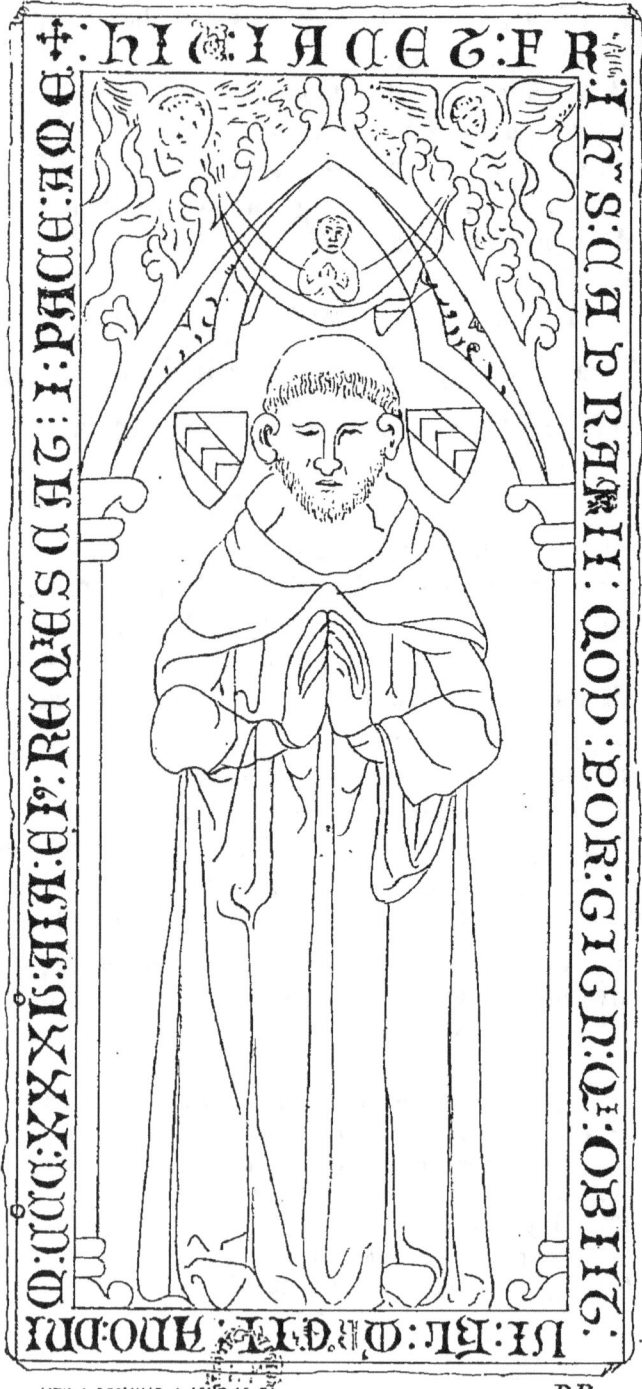

LITH. L. DECLUME A LONS-LE-S.

P.B.

II.

Dalle funéraire de Jean Chevrier, prieur de Gigny. — 24 février 1335 (*vx st.*).

PLANCHE II.

Longueur : 2^m27 ; largeur : 1^m05. Dans le chœur de l'église.

Cette dalle, par son ornementation, a beaucoup d'analogie avec la précédente, mais elle est mieux conservée. On y retrouve les colonnettes et leur arcature trilobée, ainsi que les deux anges emportant l'âme du défunt.

Ce dernier est revêtu, comme le précédent, du costume monastique en usage dans l'ordre à cette époque. Mais, par une particularité assez singulière, il porte toute la barbe, contrairement aux statuts de l'ordre, qui ordonnaient aux moines de se raser tous les quinze jours, sauf en temps de carême (1).

Le blason du défunt *(de... à la bande de... chargée de trois chevrons de...)* est gravé aux côtés de la tête.

Voici le texte de l'inscription, en belles majuscules gothiques, qui entoure la dalle (2) :

☩ Hic : iacet : fr : ihs : caprarii : qod : por : gign :
qⁱ : obiit : vi : kl : marcii : ano : Dni : m° : rcc : xxxv
aia : ei : reqⁱescat : i : pace : Amen.

(1) Gaspard. I. 354.
(2) Ci-gît frère Jean Chevrier, jadis prieur de Gigny, qui décéda le VI des calendes de mars (24 février) l'an du Seigneur mil trois cent trente-cinq. Que son âme repose en paix. Ainsi soit-il.

M. Gaspard et tous nos historiens sont muets sur ce prieur. L'auteur de l'Histoire de Gigny avoue (1) ne pas savoir l'époque précise de la mort du prieur Mayeul Rebucin, ni celle où Jean de Montaigu lui succéda, ou même s'il n'y eut pas un ou plusieurs intermédiaires. Notre tombe lui donne raison pour cette dernière supposition. Il faut donc placer frère Jean Chevrier entre Mayeul Rebucin et Jean de Montaigu, puisque ce dernier est cité pour la première fois dans des titres de 1348 (2).

III.

Hic : iacet : Domn :
Dcs(?) : Claudius : de : Bello [forti]
[Requiescat : in] pace : Amen :

Cette dalle, ainsi que toutes celles qui suivent, se trouve dans la partie supérieure de la nef de gauche, près du chœur. Elle est très fruste ; les caractères de l'inscription en majuscule gothique paraissent du commencement du XIVe siècle.

Claude de Beaufort appartenait à la famille de ce nom, branche cadette de Dramelay, d'après M. Rousset (3), à laquelle était inféodée la prévôté de la seigneurie de Beaufort.

IV.

† CY GIST////////////////////////////[IEHA]
NE · FILLE · DA M : V · SEIGNEUR · DE
///
/////E MARGVERITE DE LA//////////////////////
SA · FEMME · 1491.

(1) I. 127.
(2) Hist. de Gigny. I. 130. — Mss. de l'abbé Guillaume, T. 3. p. 60.
(3) Rousset : *Dict. des communes du Jura*. I. 193.

Petite dalle de 0m80 sur 0m50 ; inscription en beaux caractères de la fin du XVe s., tenant le milieu entre les majuscules gothiques et romaines. Malheureusement, elle a été piquée avec intention, ce qui en rend la lecture très douteuse.

V.

cy gist · g · gnt ouurier

Petite dalle de 0m50 sur 0m40. L'inscription est entourée d'un trait. Au-dessous est gravé un écusson portant : de... à 3 trèfles de...

Cette tombe paraît se rapporter à un membre de la famille de Montaigu, originaire de Lons-le-Saunier ; les armes de cette famille étaient : de gueules à 3 trèfles d'argent.

Les Montaigu avaient de nombreuses possessions aux environs de Gigny ; Étienne de Montaigu les vendit à l'abbaye en 1440 (1).

La forme des lettres et de l'écu se rapporte à la fin du XVe siècle ou au commencement du XVIe.

VI.

† Hic iacet uenerabilis et religiosus

frater......... ....p uitam.........huius

loci prioris que viriaci(?) qui dies suos

extremos clausit XXX....................

Cette dalle est tellement détériorée qu'il est impossible de lire le nom du personnage.

(1) Hist. de Gigny. I. 170.

VII.

HIC ͞IACET · FR͞A ͨ IOANNES
DE · CHAVVIREY · HVIVS · CŒNOBII · RELIGIOSVS · ET
OPERARIVS ͨ O[BII]T ·

L'historien de Gigny mentionne Jean de Chauvirey, qu'il appelle à tort *Chavirey,* au nombre des Grands Ouvriers (1) du prieuré de Gigny. Il est cité comme exerçant cette charge dans les années 1590, 1611, 1612, 1620. D'autre part, cet auteur le fait vivre entre les années 1577 et 1626 (2). C'est donc près de cette dernière date qu'il faut placer sa mort.

On voit sur la tombe les armes de Chauvirey : D'azur à la bande d'or, accompagnée de sept billettes de même, quatre en chef et trois en pointe.

VIII.

CY · GIST · NOBLE · ET
RELIGIEVSE · PERSONNE · DOM · C[LAVDE · DE]
MESSEY · IADIS · SAC
RISTAIN · ET · RPIEVR *(sic)*///////RIER · DE
[GIGNY] LEQVEL////////////////////////////////////
X BRE 1630.

Dom Claude de Messey fut, suivant M. Gaspard, Sacristain de Gigny de 1588 à 1612 ; il le fait mourir par erreur

---

(1) L'Ouvrier (*operarius*) avait la charge de l'entretien des bâtiments.
(2) Hist. de Gigny. I. 408, 519 — II. 233.

en 1612. C'est probablement à cette époque qu'il devint prieur cloîtrier, fonction qu'il remplit jusqu'à sa mort, en 1630.

Les armes du défunt (d'azur au sautoir d'or) sont encore visibles sur sa tombe.

IX.

La dalle voisine de la précédente a été piquée ; on n'y distingue plus que la date de 1656 et un écusson portant : de... au chevron de... deux épitaphes y étaient inscrites.

X.

////////////[P] ROWOTHZ////////////////
//////////////COB DE ////////////////////
//////////////VDANCE////////////////////

Il s'agit ici d'un membre de la famille de Prowost de Pelousey. Philippe-Louis de Prowost, dit de Pelousey, fut prieur de Gigny vers 1636 et démissionna en 1663. M. Gaspard cite plusieurs membres de cette famille comme ayant vécu à cette époque à Gigny (1).

XI.

CY · GIST · MESSIRE ·
LOVIS · DE · CHAVIREY·
//////////////////////////////
LE 16 APVRIL 1677·
//////////////////////////////

(1) Hist. de Gigny. I. 226, 243.

Claude-Louis de Chavirey, issu de la famille de ce nom, qui habitait Salins, fut grand-chambrier de l'Abbaye de 1660 à 1667 (1). L'inscription de cette tombe a été piquée, elle est entourée d'un cartouche à peu près semblable à celui qui orne la tombe de son neveu, Jean-Baptiste de Chavirey, décrite plus loin.

XII.

ICY GIST GEORGE DE
TOVRNON PBRE CY
DEVANT RELIGIEVX
ET SACRISTAIN DE
BAVME ENSVITE IN
FERMIER DE CEANS
QVI MOVRVT LE 20
AOVT DE LAN 1719 PASSANT
PRIES DIEV POVR LE
REPOS DE SON AME.

M. Gaspard (2) donne comme dates du séjour de ce religieux à Gigny, les années 1709 à 1720. Il faut lire 1719.

Les armes du défunt (d'azur à trois tours d'argent fenestrées de gueules), entourées du cordon de l'ordre de Saint Georges, dont il faisait partie (3), sont gravées sous l'inscription.

(1) Hist. de Gigny. I. 397. — Guillaume : Hist. des sires de Salins, II. 85.
(2) I. 412.
(3) *La Chevalerie de St-Georges* en Franche-Comté, par Ch. Thuriet, p. 69.

XIII.

CY · GIT ·
REVEREND MESSIRE
IEAN BAPTISTE DE ·
CHAVIREY · GRAND CHA
MBRIER · DE CETTE
ROYALE ABBAYE////////////R
DE CHAPELLE/////////////////////
ELLENIE · DE · CVISEAV · QVI
DECEDA LE 2 OBRE 1719
DIEV AYE SON AME
AMEN

Cette dalle, dont la décoration est assez heureuse, offre son inscription dans un ovale entouré d'un cartouche à feuillages bien fouillés, d'un relief de 3 à 4 cm. Aux angles du cartouche sont les écussons de Chavirey, Scey, Cointet et Chatenoy. Le sommet de la dalle est occupé par un second cartouche beaucoup plus petit, contenant les armes de Chavirey dans un écu ovale.

Jean-Baptiste de Chavirey était prieur de Châtel et coadjuteur du Grand-Chambrier Claude-Louis de Chavirey, son oncle (1) ; à la mort de ce dernier, il lui succéda dans sa charge (1676-1719).

(1) Hist. de Gigny, 1. 397, 519. — Guillaume, *Hist. des sires de Salins*, II. 85-86.

ÉGLISES DIVERSES

XIV.

Dalle funéraire d'Antoine de Rouhault, écuyer, seigneur de Choisey en partie. — Mars 1404.

Planche III.

Église de Choisey ; chapelle de gauche. Dalle gravée au trait et mesurant 2m06 sur 1m14. La partie supérieure a été coupée ; une pièce rapportée occupe la place d'une partie de la tête et du casque.

L'écuyer Antoine de Rouhault est représenté sur sa tombe tête nue et les mains jointes sur la poitrine, dans le costume de guerre de la fin du XIVe s. (1). Son *bassinet*, à la partie inférieure duquel est lacé un *camail* de mailles, est déposé au côté droit de la tête. L'armure du buste comprend une *gorgerette* de mailles ; une *poitrine d'acier* ajustée à des lames articulées, et à son bord inférieur un *jupon de mailles* recouvert aussi de lames d'acier ; des *brassières*, dont on voit les *coudières* et les *avant-bras*. Le harnais de jambe se décompose en *cuissots*, *genouillères* et *grèves* munies de gardes, et enfin en *solerets* ou souliers d'acier articulés. Les talons sont armés de forts éperons à molettes.

L'épée est attachée au côté gauche par un ceinturon qui descend obliquement sur le jupon de mailles.

Le défunt est imberbe et paraît encore jeune. Son blason occupe le sommet de la tombe à droite ; il est aujourd'hui entièrement fruste.

La famille de Rouhault est restée inconnue à nos histo-

---

(1) J. Quicherat : Hist. du costume en France, p. 237, 261, etc.

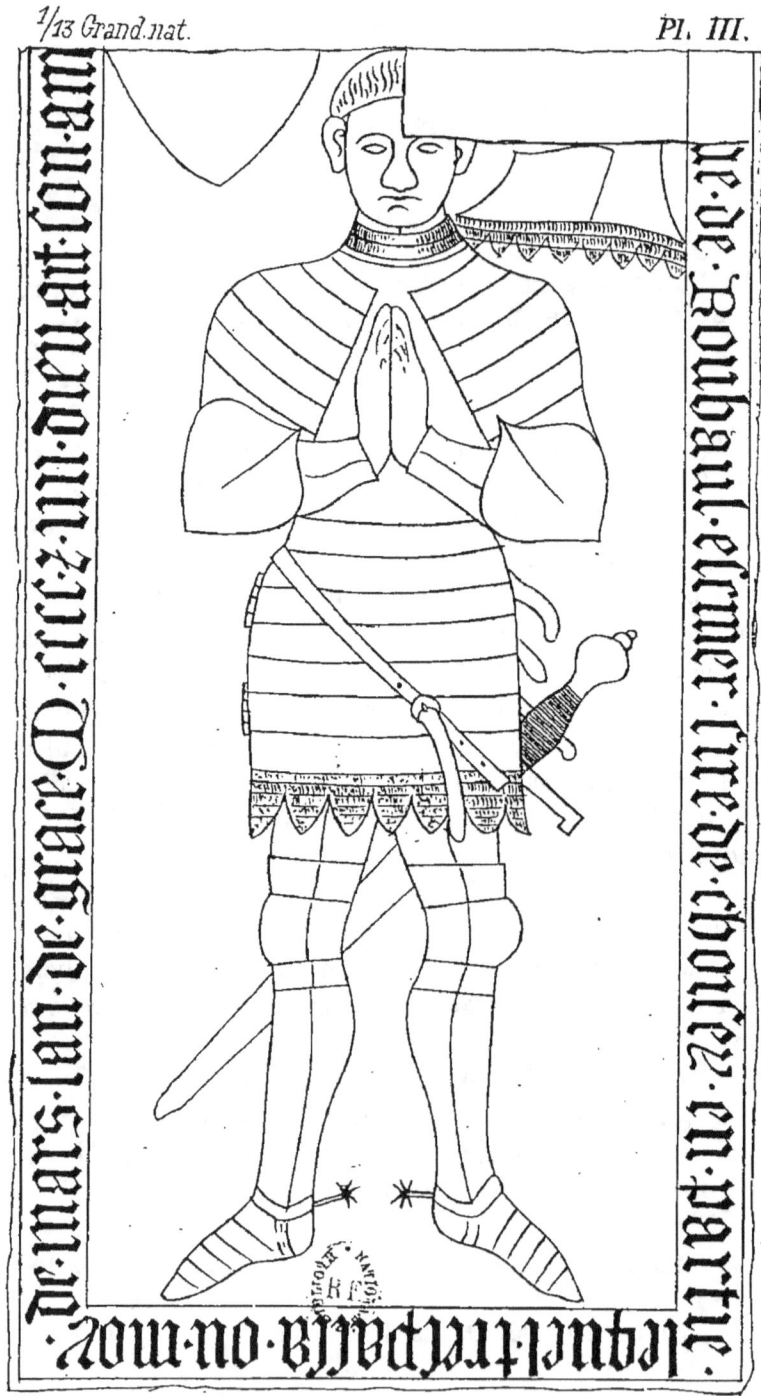

SOCIÉTÉ D'ÉMULATION DU JURA. Pl. IV.

1/12 Grand. nat.

Cy gisent messire Jehan seigneur de champdivers

dieu ait leurs ames amen

et la dicte dame Jehanne lam mil quatre cens

femme qui trespasserent cest asfavour ledit messire Jehan lam mil quatre cens

LITH. LUCIEN DECLUME A LONS-LE-S. P.B.

riens. Elle n'était cependant pas éteinte au XVIe siècle, car une tombe de l'église voisine de Molay est consacrée à Dame *Guiaude de Rouhault*, à son vivant femme de messire Claude Deschamps, chevalier, seigneur d'Amange, laquelle décéda le 15 septembre 1512.

XV.

Dalle funéraire de Jean, seigr de Champdivers, et de Jeanne de Cicon, sa femme.

PLANCHE IV.

Église de Molay, à l'entrée de la chapelle du chœur, à droite. Longueur : 2m30 ; largeur : 1m26.

Cette superbe dalle — la plus belle du Jura, croyons-nous, avec celle de Guillaume de Vaudrey, décrite par M. Bernard Prost (1) — est en pierre bleue très dure ; aussi la gravure en est très nette et d'une grande finesse ; malheureusement la place qu'elle occupe l'expose à devenir en peu de temps entièrement fruste, si l'on ne prend soin de la dresser contre un des murs de l'église.

Cette tombe a été reproduite dans la statistique de l'arrondissement de Dole, par M. Marquiset (1) ; mais l'inexactitude du dessin rendait nécessaire une nouvelle publication.

La dalle est divisée en deux arcatures par des colonnettes qui supportent deux dais avec pinacles, frontons découpés, galeries et fenestrages dessinés et gravés dans le style le plus pur du commencement du XVe s.

Jean de Champdivers est représenté tête nue, les mains jointes sur la poitrine ; il porte la barbe fourchue, et a le sommet de la tête entièrement chauve. Son costume est

(1) Notice sur trois Dalles funéraires, 1876.
(2) T. Ier, p. 419.

celui des conseillers des ducs de Bourgogne (1) ; il comprend une robe, dont les manches sont démesurément longues, mais néanmoins fermées aux poignets et laissant passer l'extrémité des manches du pourpoint ; la taille est serrée par une riche ceinture ; un ample chaperon formant pélerine couvre les épaules et laisse voir le collet du pourpoint. La chaussure consiste en des *estivaux* ou légers brodequins, fermés sur le devant du pied par une simple patte.

La dame de Champdivers est drapée dans une robe ample et traînante (2) qui tombe en plis d'une grande élégance et est fermée à la gorge par quatre boutons ; elle porte, sous sa double collerette, un *cotoire* ou collier de perles ; sa coiffure est formée de deux gros frisons sur les tempes, surmontés d'un bourrelet à résille, au milieu duquel est fixée une rose de perles ; les ailes de la coiffe retombent sur les épaules ; la tête est appuyée sur un coussin. A la hauteur des chapitaux sont gravés les blasons de Jean de Champdivers (d'azur au chevron d'or) et de sa femme (mi-parti au 1 de Champdivers et au 2 de... à la bande de..., à la bordure engrelée de...) (3).

Les deux époux ont fait placer leur tombe de leur vivant, car les dates sont restées en blanc sur la dalle ; leurs enfants apparemment oublièrent de faire combler cette lacune.

Jean de Champdivers était fils de Guillaume de Champdivers, chevalier, seigneur dudit lieu, et de Guye de Salins (4). Il était déjà chevalier en 1384-1387 (5). Il avait

(1) Quicherat : Hist. du costume en France, p. 249, 321, 322, etc.
(2) V. Glossaire archéologique du moyen-âge et de la renaissance, par V. Gay ; I. 452, etc.
(3) Il est à remarquer que ces dernières armoiries ne sont pas celles de Cicon, qui portait d'or à la fasce de gueules.
(4) Guillaume : Hist. des sires de Salins, II, 509.
(5) Mss. de l'abbé Guillaume, t. I, p. 109 ; t. VI, p. 197 v°.

épousé, avant 1397, Jeanne de Cicon, fille et héritière universelle de feu messire Gui de Cicon, seigneur de Chevigny-Saint-Sauveur (1). En 1398, il était maître d'hôtel du duc de Bourgogne (2). Bailli d'aval en 1404 (3), il en exerça de nouveau les fonctions de 1406 à mai 1410 (4). Il était, depuis 1400 environ, conseiller du duc Philippe le Hardi (5), qui le députa (1405), en compagnie de Gui Armenier et Oudot d'Acey, pour solliciter un emprunt dans la province (6). On le trouve cité souvent encore en 1410 (7) ; mais il est certain qu'il était mort en (8) janvier 1412 (n. st.). La duchesse de Bourgogne l'avait mis aussi au nombre de ses conseillers d'honneur, car un acte de 1413 parle de « feu messire Jean de Champdivers, chevalier d'honneur de la duchesse de Bourgogne » (9).

Nous aurions voulu donner des détails plus complets (10) sur Jean de Champdivers, l'un des plus illustres chevaliers Bourguignon de son époque ; mais les travaux de classement de nos archives ne sont pas encore assez avancés pour nous permettre de donner à cette belle figure tout le relief qu'elle mérite.

(1) Bibl. Nat. Coll. Bourgogne, 104, f° 121 v°, 123-110, f° 23 v°.
(2) Ibid. 72, f° 933 v°.
(3) Chevalier, Hist. de Poligny, II, 81.
(4) Bibl. Nat. Coll. Bourgogne, 54, f°s 25, 49, 74, 130 v°, 194, 195 v°, 196 r° et v°, 69, f° 227.
(5) Rousset, Dict. des communes du Jura, art. Champdhivers. — Bibl. Nat. Coll. Bourg., 56, f°s 25, 118, 138, 178, 195, 213 bis ; — 58 f° 17 ; — 57, f°s 47, 48, 76, 77. — Coll. Moreau, 886, f° 240 v°, 248.
(6) Rousset, *loc. cit.*
(7) Arch. de la Côte-d'Or, B. 1559, f° 12 v°, 39 v°, 41, 41 v°, 42 v°, 57 v°, 58 ; — B. 1559, f° 130 v°.
(8) Bibl. Nat. Coll. Bourg. 56, f° 118, 138.
(9) *Id. Ibid.* 104, f° 39 v°.
(10) Nous devons la plupart des renseignements ci-dessus à l'obligeance de M. B. Prost.

XVI.

Dalle funéraire de Jean de la Palu, écuyer. - 13 novembre 1484 (?).

Planche V.

Église d'Onoz ; chapelle de gauche. Tombe gravée au trait, très détériorée, mesurant 1m80 sur 1 m.

Le défunt est représenté tête nue et les mains jointes ; il tient au bras gauche un écu armorié à ses armes (de gueules à la croix d'hermine, à la bordure engrelée de...) ; un chien est couché à ses pieds. Il porte l'armure complète des hommes d'armes du temps de Charles VIII ; cette armure est semblable à celle d'Antoine de Rouhault décrite plus haut, sauf quelques perfectionnements dans les *gardes* des épaules, des bras et des jambes ; le haut de ces dernières est protégé par des *flancards*, rattachés aux *fauldes*.

L'inscription, qui entoure l'effigie, est ainsi conçue :

> Cy gift noble hume
>
> reh̄a de lapalu escuie-quir (*sic*) trespasset a la jornee
>
> de mecredi le xiii jor de nouē
>
> bre l'ā mil iiii^c lxx (?) xiiii

M. Rousset (1) a pris la tombe de Jean de La Palu pour celle du célèbre baron d'Arnans. Nous n'avons du reste découvert aucune mention de ce personnage.

(1) Dict. des Communes du Jura, t. IV, p. 539.

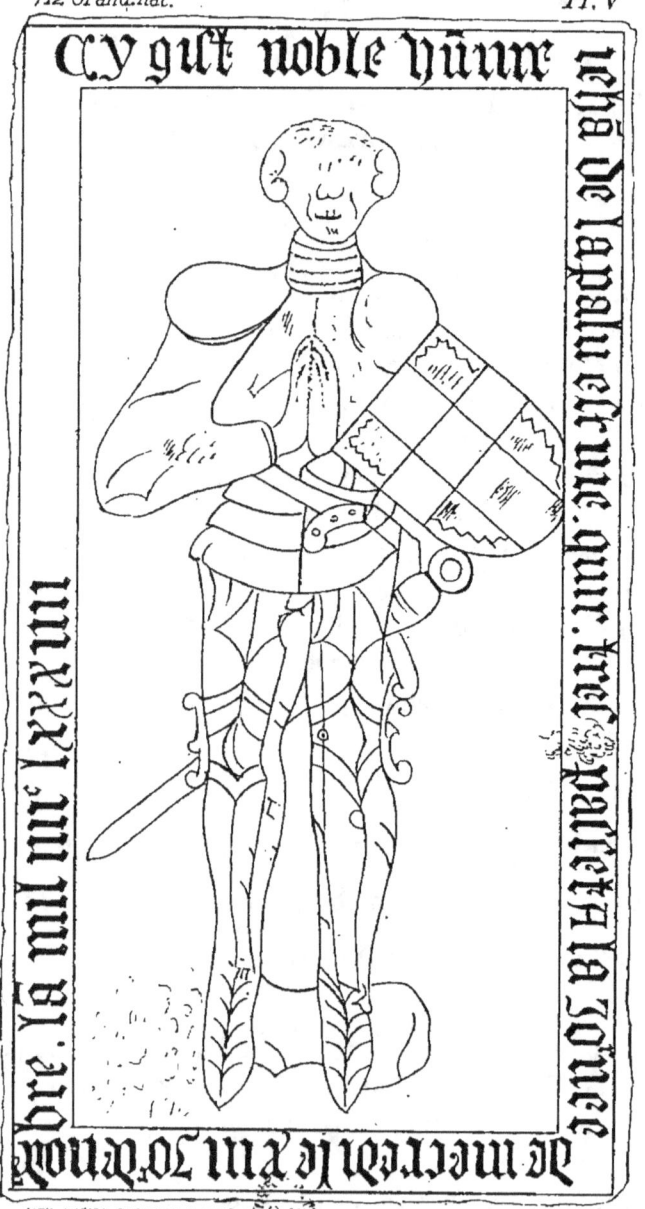

XVII.

Cy · gist · honnorable · home
pierre · maingnier · dunos · marcham · qui · traspassa
le xxiᵉ joʳ · de feuier ·
lam · mil · cinq censetsept · Dieu · aie · son · ame · amen

Egl. d'Onoz ; chapelle de droite.

XVIII.

Cy · gist · honnorab/
le · homme · Jaques · maingnier · fils · de · feu · Jehan
    maingnier ·
[dunos · marcham · qui]
trespassa · le · xiᵉ iours · du · mois de iug · m · vᶜxxxii ·
   Dieu · aye laē ·

Eglise d'Onoz, même chapelle ; le bas de la dalle est engagé sous le marchepied de l'autel.

XIX.

† TOMBEAU DE

FEV NOBLE : SIEUR : IEAN : DE : LA : VILLETTE

QVI : DECEDA : LE

20 : DE : IVIN : LAN 1622 : DIEV : LABSOLV :

† IE DISOIS ADMIR̄AT CESTE NAISSANTE AVRORE

QVEL SERA LE MIDY DVN ORIENT SI BEAU

////////FAIS̄AT Q\AVCL///////////////////ESCLAIRANT

LA FATALE SŒVR SON///////////////////////////////

Eglise d'Onoz, chap. de gauche.

La première partie de l'inscription est gravée autour de la dalle. Les deux vers sont disposés à l'intérieur en deux lignes ovales et les angles sont remplis par des fleurs de lis.

Malgré tous mes efforts, je n'ai pu parvenir à déchiffrer jusqu'au bout cette curieuse épitaphe, non plus qu'à trouver des renseignements sur le personnage célébré en des vers si pompeux.

XX.

CY GIST
HAVT ET PVISSANT
SEIGNEVR CLAVDE
GVILLAVME DV SAIX
BARON DARNANS
SEIGNEVR DE VIRECHATEL
DECEDE LE 4 AOVST
1741
ET FRANCOIS MARIE
DV SAIX SON AYEVL
DECEDE LE 8 XBRE
1661
DIEV LES ABSOLVE

Église d'Onoz ; chapelle de gauche ; — le blason des défunts surmonte leur épitaphe.

XXI.

CY GIST
TRES HAVT ET TRES
PVISSANT SEIGNEVR
MESSIRE FRANÇOIS
GABRIEL EMMANVEL
DOMINIQVE DV SAIX
BARON D ARNANS SEIGNEVR
DE VIRECHATEL ANCIEN
COM̄DANT DE BATAILLON
CHEVALIER DE L ORDRE
ROYAL ET MILITAIRE DE
S̄T LOVIS ET DE LA NOBLE
ET ILLVSTRE CONFRERIE
DE S̄T GEORGES QVI DECE
DAT LE 15 AOVST 1781
DIEV AYE SON AME.

Église d'Onoz, même chapelle.

Les trois épitaphes précédentes appartiennent à des membres de la famille du Saix d'Arnans, qui possédait le château de Virechâtel. François-Marie du Saix était fils, Claude-Guillaume et François-Gabriel-Emmanuel, petit-fils et arrière-petit-fils de César du Saix, baron d'Arnans, le fâmeux chef de partisans qui figura avec tant d'honneur dans nos luttes contre la France.

LONS-LE-SAUNIER. — IMP. LUCIEN DECLUME.

www.ingramcontent.com/pod-product-compliance
Lightning Source LLC
Chambersburg PA
CBHW030103230526
45471CB00003B/1233

Exemplaire de Bourdeley père

CATALOGUE
D'UNE VENTE
DE BEAUX
OBJETS MOBILIERS
TELS QUE

Meubles de Boule, de Reisler, Tapis, Bronze, Pendules, Lustre, Porcelaine de Sèvres, de Saxe et de Chine, Vases étrusques, Statuettes en bronze et en marbre, etc.,

ET D'UNE COLLECTION DE
TABLEAUX
DES ÉCOLES
ITALIENNE, ESPAGNOLE, FLAMANDE, & FRANÇAISE,
DU CABINET DE M. ***,
QUI AURA LIEU
Le Lundi 15 Mars 1852, et les trois jours suivants,
heure de midi,
HOTEL DES VENTES,
RUE DES JEUNEURS, N° 42,
Salle n. 1,

Par le ministère de M° **BONNEFONS DE LAVIALLE**,
Commissaire-Priseur, rue de Choiseul, 11,
Assisté de M. **ROUSSEL**, Expert, rue du Dragon, 33,
Et de M. **DEFER**, Expert, quai Voltaire, 21,
Chez lesquels se distribue le présent Catalogue.

Exposition publique
Les Samedi 13 et Dimanche 14 Mars, de midi à cinq heures.

PARIS
IMPRIMERIE ET LITHOGRAPHIE MAULDE ET RENOU,
rue des Fossés-Saint-Germain-l'Auxerrois, 14.

1852

ORDRE DES VACATIONS.

Les Lundi 15 et Mardi 16 Mars, les Meubles et tous les objets de Curiosité.

Les Mercredi 17 et Jeudi 18 Mars, les Tableaux.

CONDITIONS DE LA VENTE.

Elle sera faite au comptant.

Les acquéreurs paieront, en sus des adjudications, cinq pour cent, applicables aux frais de vente.